AF221663

Impressum
Verlag: BABADADA GmbH, Nedderfeld 112 , 22529 Hamburg
Geschäftsführer / Verlagsleitung: Harald Hof
Druck: Books on Demand GmbH, In de Tarpen 42, 22848 Norderstedt

Imprint
Publisher: BABADADA GmbH, Nedderfeld 112 , 22529 Hamburg, Germany
Managing Director / Publishing direction: Harald Hof
Print: Books on Demand GmbH, In de Tarpen 42, 22848 Norderstedt, Germany

xikolo

ቤት-ትምህርቲ

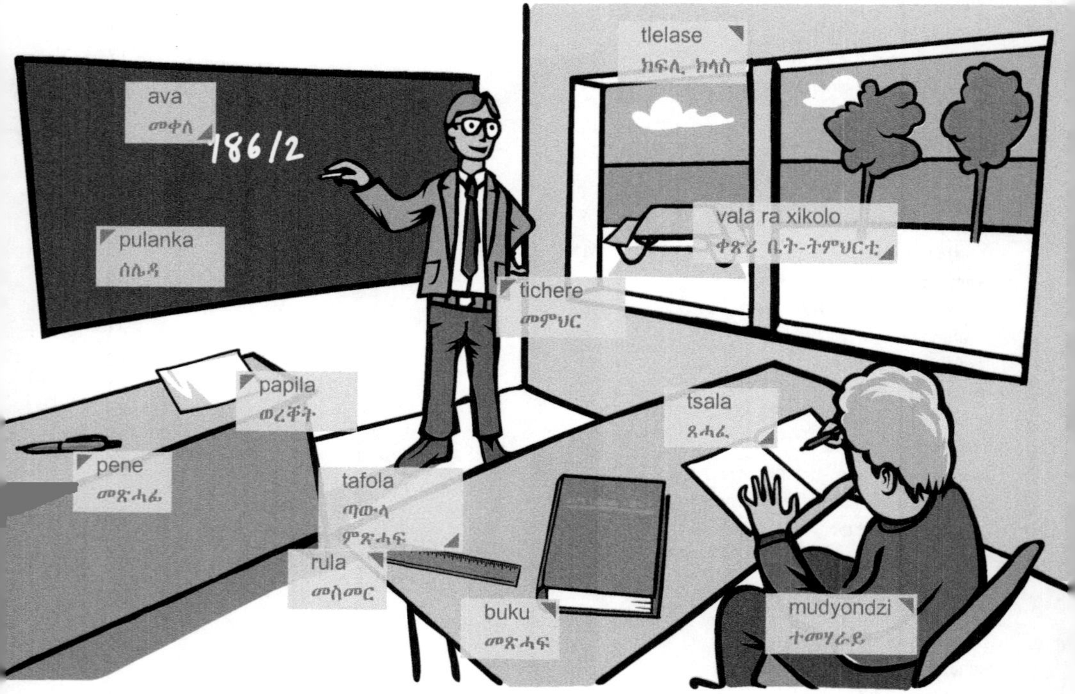

ava
መቀለ
186/2
pulanka
ስሌዳ
tlelase
ክፍሊ ክላስ
vala ra xikolo
ቀጽሪ ቤት-ትምህርቲ
tichere
መምህር
papila
ወረቐት
tsala
ጸሓፈ
pene
መጽሓፊ
tafola
ጣውላ
ምጽሓፍ
rula
መስመር
buku
መጽሓፍ
mudyondzi
ተመሃራይ

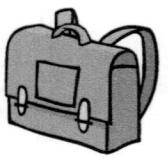

xinkwamana
....
ሳንጣ ትምህርቲ

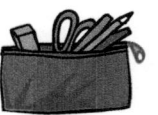

bokisi ra tipensele
....
ሰፈር ብርዒ

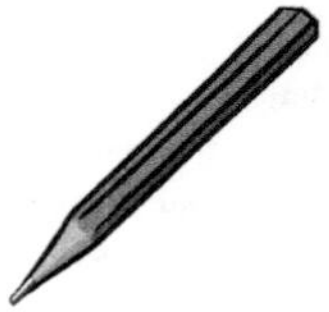

pensele
....
ርሳስ

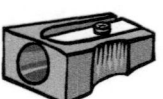

muchini wo vatla tipensele
....
መብልሒ ርሳስ

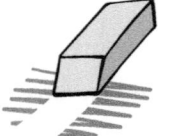

rhaba
....
መደምሰሲ

papilo ro dirowa
....
ጥራዝ ስእሊ

xifaniso lexi diroweke

ስእሊ

burachi ro penda

ብርዒ ቀለም

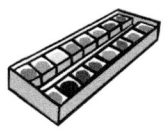

bokisi ro penda

ቦክስ ቀለም

xikero

መቐስ

xidamarheti

መጣበቒ

buku ya xikolo

ጥራዝ መላመዲ

ntirho wa le kaya

ዕዮ ገዛ

nombhoro

ቁጽሪ

engeta

ወስኽ

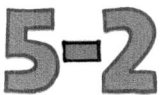

susa

ጎደለ

andzisa

ረብሓ

hlaya

ደመረ

letere

ፊደል

maletere

ስርዓት ፊደላት

rito

ቃል

rungula

ጽሑፍ

hlaya

አንበበ

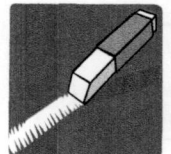

choko

ኩርሽ

dyondzo

ሰዓት

tsarisa

መዝገብ ክላስ

xikambelo

መርመራ

xitifiketi

ሰርቲፊኬት

swiambalo swa xikolo

ድቢዛ ቤት-ትምህርቲ

dyondzo

ትምህርቲ

nsonga-vutivi

ለክሲኮን

univhesiti

ዩኒቨርሲቲ

makhiriskopu

ሚክሮስኮፕ

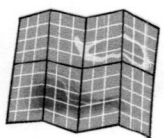

mepe

ካርታ

xikotela xo lahla maphepha

ጎሓፍ ወረቐት

kufamba

መገሻ

hotele
መቐበሊ ኣጋይሽ
Grand
hositele
ሆስተል
ROOMS
ndhawu yo cinca mali
ቦታ ቅያር ገንዘብ
putumendhe
ባሊጃ
movha
መኪና

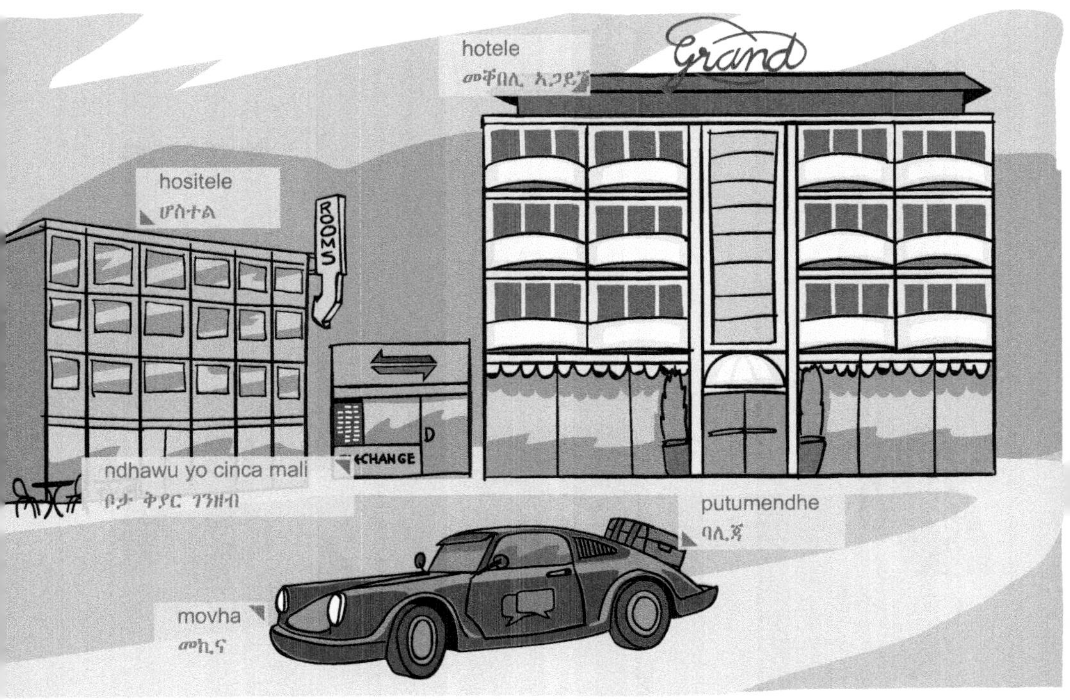

ririmi

ቋንቋ

ina / e-e

እወ / ኖ

Swikahle

ሕራይ

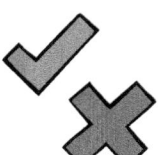

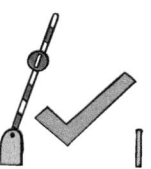

ahe

ሰላም

muhundzuluxeri

ኣስተርጓሚ

Ndza khensa

የቐንየለይ

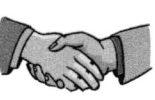

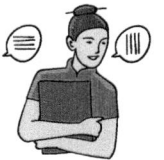

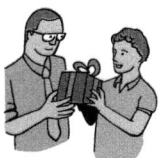

ivungani...?

. . . ክንደይ ዋግኡ?

Andzi twisisi

አይተረድአኹን

nkinga

ሸግር

Riperile!

ሰላም ምሽት!

Maxelo ya kahle!

ከመይ ሓዲርካ

Vusiku bya kahle!

ሰላም ለይቲ

sala kahle

ደሓን ኩን

nkongomiso

አንፈት

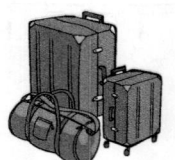

mindzhwalo

ጉዕዝ

nkwama

ሳንጣ

nkwama

ሳንጣ ሕቆ

muendzi

ጋሻ

kamara

ክፍሊ.

nkwama wo etlela

ክሻ መደቆሲ.

tende

ቴንዳ

vuxokoxoko bya vaendzi

ሓበሬታ በጻሕቲ ሃገር

ribuwa

ገምገም ባሕሪ

khadi ra xikweleti

ክሬዲት ካርድ

xifihlulo

ቁርሲ

swakudya swa ninhlekani

ምሳሕ

swakudya swa nimadyambu

ድራር

thikithi

ቲከት

kheshe

ሊፍት

xitempe

ማሕተም ደብዳበ

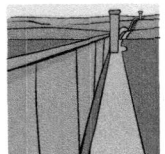

ndzilakana

ዶብ

mikhuva

ድንና

hovisi ya vuyimeri ya tiko

ኣምበሲ

visa

ቪዛ

pasi ro endza

ፓስፖርት

xihaha-mpfuka
ነፋሪት

xikepe
መርከብ

lori ya ku tima ndzilo
መኪና መጥፍኢ ሓዊ

bazi
አውቶቡስ

lori
ናይ ጽዕነት መኪና

xikepe
ጃልባ ሞቶር

movha
መኪና

xikanyakanya
ብሽግለታ

xikepe
ፈሪ

xikepe
ጃልባ

xithuthuthu
ሞጾ

movha wa maphorisa
መኪና ፖሊስ

movha wa mphikizano
መኪና ቅድድም

movha yo lombiwa
ክራይ መኪና

ku avelana hi movha

ም ውፋይ መካይን

lori yo koka timovha

መወስዲ መኪና

lori yo rhwala chaka

መኪና ጎሓፍ

njhini

ሞቶር

mafurha

ነዳዲ

ndhawu yo xavisa petirolo

እንዳ ነዳዲ

mpfungo wa le patwini

ምልክት ትራፊክ

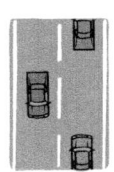

mafambelo ya mimovha

ትራፊክ

ntlimbano wa timovha

ምጭቅጭቅ ትራፊክ

phaki ya timovha

መዐሸጊ መኪና

xitichi xa xitimela

መዕረፊ ባቡር

mintila

ሓዲግ

xitimela

ባቡር

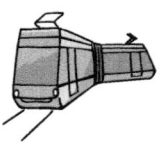

banzi leri fambaka
exiporweni
ትረም

kalichi

ባጎኒ

xihaha-mpfuka-phatsa

ሄሊኮፕተር

rivala ra siwhaha-mpfuka

መዓረፍ ነፈርቲ

xihondzo

ታወር

mukhandziyi

ተጓዥ

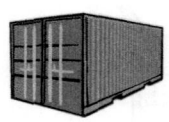

bokisi

ኮንተይነር

bokisi

ሳንዱቅ ካርቶን

kalichi

ኮርሳ ጽዕነት

xirhundzi

ዘንቢል

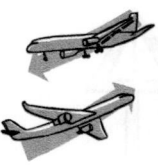

suka / tshama

ተበገሰ / ዓለበ

doroba

ከተማ

muti

ቀኣሸት

nkava wa doroba

ማእከል ከተማ

yindlu

ገዛ

Scene (top illustration):

bayiskopo — ሲነማ
vunavetisi — ረከላም
rivoni ra le xitarateni — መብራሕቲ ጎደና
xitarata — ጽርግያ
thekisi — ታክሲ
xitolo xa swakudya swo khomisa nyoka. — ባንኮ
munhu wo famba h — እግረኛ
xitarata — መንገዲ ኣጋር
xihan ndhawu yo famba vanhu a xitarateni — መራኸ ምልክት ዘብራ
bini — ስፌር ጎሓፍ
tiroboto — ሴማፎር

xiyindlwana xa byanyi

አጉዶ

yindlu

ኣፓርትመንት

xitichi xa xitimela

መዕረፊ ባቡር

holo ya vanhu

ቤት ምምሕዳር

muziyamu

ቤተ መዘክር

xikolo

ቤት-ትምህርቲ

univhesiti

ዩኒቨርሲቲ

bangi

ባንክ

xibedlhele

ሆስፒታል

hotele

መቆበሊ አጋይሽ

xitolo xa miri

ቤት መድኃኒት

hofisi

ቤት ጽሕፈት

xitolo xa tibuku

ዱኳን መጽሓፍቲ

xitolo

ዱኳን

xitolo xa swiluva

ዱኳን ዕንባባ

xitolo le xikulu swinene

ሱፐርማርኬት

makete

ዕዳጋ

xitolo le xikulu

ሹቕ

xitolo xa tinhlampfi.

ነጋዳይ ዓሳ

ndhawu ya switolo

ሹቕ

hlaluko

መርሳ

phaka

መዘናግዒ

bence

ባንኪ

buloho

ድልድል

switepisi

መደያይቦ

ehansi ka misava

ባቡር ትሕቲ ምድሪ

muhocho

ቢንቶ

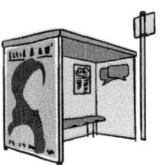

xitichi xa tibanzi

መዕረፊ ኣውቶቡስ

barha

ቤት መስተ

rhesiturente

ቤት-መግቢ

bokisi ra poso

ስታሪት

mfungho wa xitarata

ታቤላ

muchini wa mali ya ku
¨phaka¨

ስዓት ፓርኪንግ

ntanga wa swiharhi

መካነ እንስሳታት

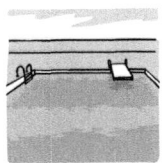

damu ro xambela

መሓምበሲ

mosque

መስጊድ

purasi

ቤት ሕርሻ

nthyakiso

ብክላ

masirha

መቃበር

kereke

ቤተክርስትያን

rivala ra mintlangu

ቦታ ምጽዋት

tempele

ቤት መቕደስ

ndhawu

ስእሊ መሬት

tluka
አቅጣልቲ

mfungho wa gondzo
መሕበሪ መገዲ

ndlela
መገዲ

byanyi byo tala
ሸኽ

ribye
እምኒ

munhu wo khandziya tintshava
ኮብላሊ

murhi
ኣግራ-ብ

nambu
ፈለግ

byanyi
ሰዓሪ

xiluva
ዕንባባ

nkova

ስንጥሮ

xitsunga

ጎቦ

tiva

ቀላይ

khwati

ዱር

mananga

ምድረ በዳ

volkheno

እሳተ-ጎመራ

ntsinda

ግምቢ

nkwangulatilo

ቀስተ-ደመና

swikowa

ቃንጥሻ

murhi wa nchindzu

ዓርኮብኮባይ

nsuna

ጣንጡ

haha

ሃመማ

vusokoti

ጻጻ

nyoxi

ንህቢ

puma

ሳሬት

xifufunhunu

ሕንዚዝ

chele

ዕንቅርዖብ

maxindyana

ምጽጹላይ

nhloni

ቅንፍዝ

mfundla

ማን‑ቲለ

xikhova

ጉ‑ንጓ

xinyenyane

ጭሩ

sekwa

ስዋን

ngluve ya nhova

መፍለስ

mhunti

ዓጋዘን

mhofu

ሙ‑ስ

damu

ግድ‑ብ

xipelupelu xa moya

ተርባይን ንፋስ

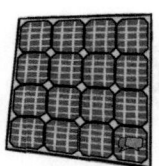

bodo leyi tswongaka kuhisa
ka dyambu

ሶላር ስርሓት

maxelo

ኩነታት አየር

16

ndhawu - ስእሊ መሬት

rhesiturente

ቤት-መግቢ

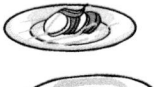

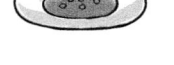

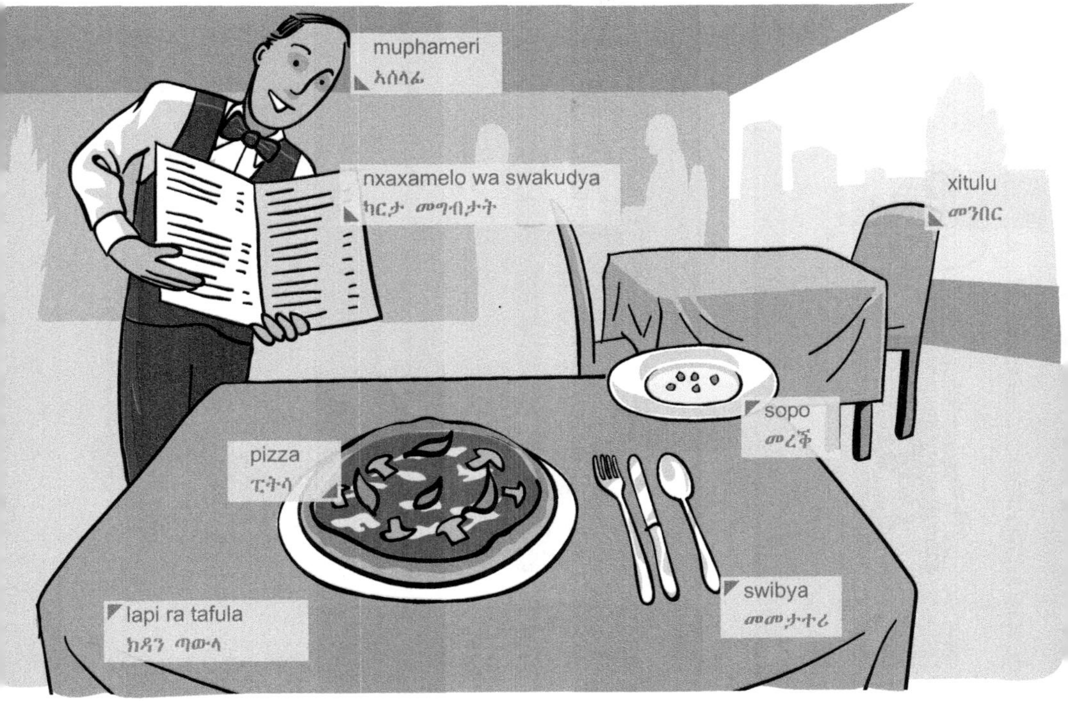
muphameri
ኣሰሳፊ
nxaxamelo wa swakudya
ካርታ መግብታት
xitulu
መንበር
sopo
መረቕ
pizza
ፒትሳ
swibya
መመቓተሪ
lapi ra tafula
ክዳን ጣውላ

swakudya swa ku naveta

ቅድመ ቀንዲ መግቢ

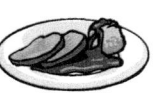

swakudya

ቀንዲ መኣዲ

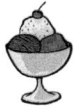

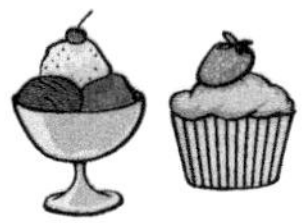

swo rhelerisa

ድሕረ መግቢ

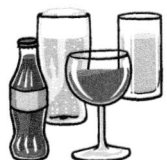

swakunwa

መስተ

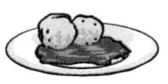

swakudya

መግቢ

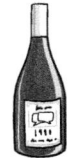

bodlhela

ጥርሙዝ

swakudya swa xihatla

ስሉጥ መግቢ

swakudya swa le ndleleni

መግቢ ጽርግያ

mbita ya tiya

ብርጭቆ ሻሂ

xibye xa chukela

ታኒካ ሽኮር

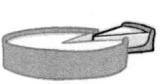

xiphemu

ክፋል

muchini wa espresso

ማሺን ኤስፕሬሶ

xitulu xa le henhla

ነዊሕ መንበር

swikweleti

ጸብጻብ

thireyi

ታብለት

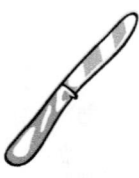

mukwana

ካራ

foroko

ፋርከታ

lepula

ማንካ

xilepulana

ማንካ ሻሂ

phepha ro sula nomu

ሰርቪየተ

nghilazi

ብኬሪ

pleti

ሸሓኒ

pleti ya sopo

ሸሓኒ መረቕ

sosara

ትሕቲ ኩባያ

murhu

ጸብሒ

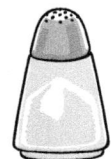

xilo xo chele munyu

ወሃቢ ጨው

xilo xo gaya

መጥሓን በርበረ

vhiniga

ኣቾቶ

mafurha

ዘይቲ

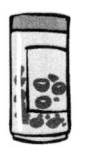

swinyunyeteri

ቀመም

ketchup

ከቻፕ

mustard

ኣድሪ

mayonasi

ማዮኔዝ

xitolo le xikulu swinene

ሱፐርማርክት

nyiko yo hlawuleka
ወፈያ
muxavi
ዓሚል
ntsamba
ፍርያታት ጸባ
mihandzu
ፍረታት
xikocikara
ሰረገላ ዱኳን
FOR

BUTCHERS

buchara

እንዳ ስጋ

BAKERY

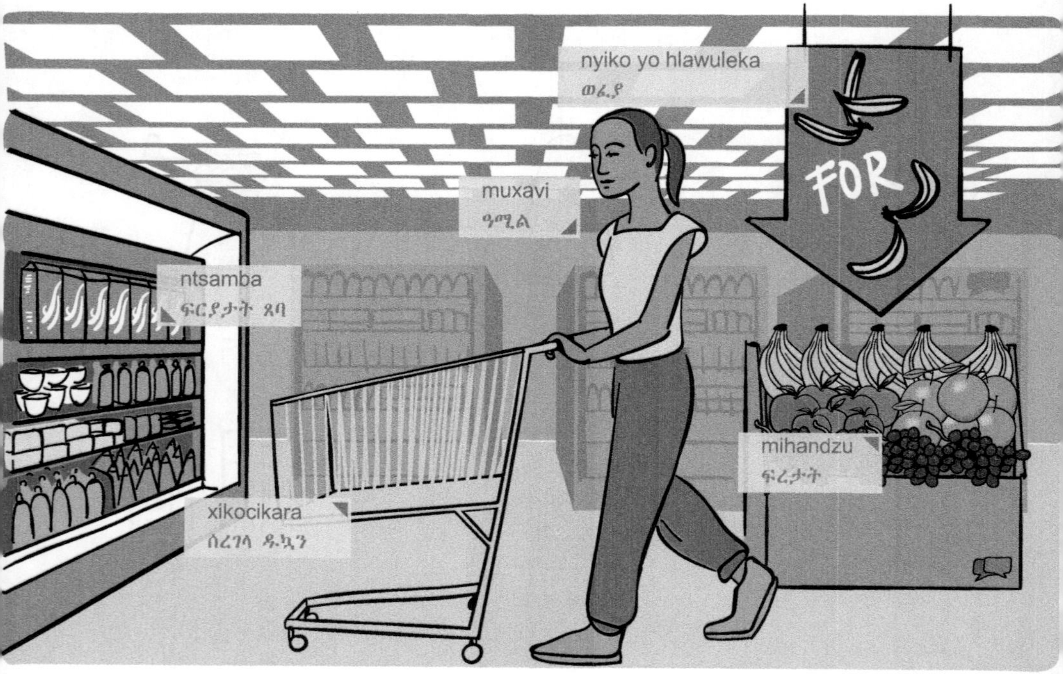

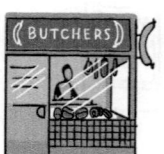

bekari

እንዳ ባኒ

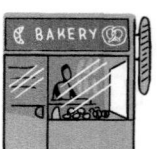

ringanyeta

ክብደት

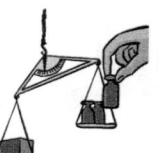

swimila

ኣሕምልቲ

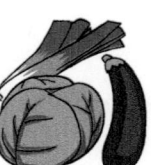

nyama

ስጋ

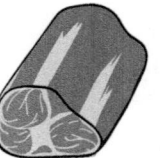

swakudya swo titimela

መግቢ ፍሪጅ በረድ

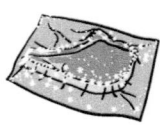

nyama

ዝሑል ቅሩብ መግቢ

swakudya leswi nga thinini

እስታጥላ

mapa yo hlanswa

ኦም

malekere

ምቁር መግቢ

switirhisiwa swa le ndlwini

ዘቤታውያን ኣቕሑ

swilo swo basisa

ናውቲ መጸረዩ

munhu wo xavisa

ሸቃጣይ

thili

ካሳ

muamukeli wa timali

ተሓዝ ገንዘብ

nxaxamelo wa swo xaviwa

ዝርዝር ምግዛእ

nkarhi wa ku tirha

ክፉት ሰዓታት

nkwama wa mali

ማሕፉዳ

khadi ra xikweleti

ክረዲት ካርድ

nkwama

ሳንጣ

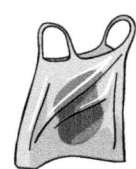

nkwama wa pulasitiki

ፌስታል

mati

ማይ

ntsutsu

ጽማቝ

meleke

ጸባ

coke

ኮላ

vhinyo

ነቢት

byalwa

ቢራ

byala

ኣልኮል

cocoa

ካካው

tiya

ሻሂ

kofi

ቡን

espresso

ኤስፕረሶ

cappuccino

ካፑቺኖ

banana

ባናና

apula

ቱፋሕ

lamula

አራንሺ

kalabatla

ብርጭቆ

swiri

ለሚን

kherotsi

ካሮት

swinyalana

ጸዕዳ ሽጉርቲ

musengele

ባምቡስ

nyala

ሽጉርቲ

swikowa

ቅንጥሻ

timanga

ፉል

makaroni ya nyama

ፓስታ

spaghetti

ስፓገቲ

rhayisi

ሩዝ

saladi

ሰላጣ

machipisi

ቅልዋ ድንሽ

nhlata wo katingiwa

ቅሉው ድንሽ

pizza

ፒትሳ

hamburger

ሃምቡርገር

xinkwa

ፓኒኖ

cutlet

ቢስተካ

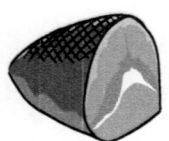

ham

ስለፍ ሓሰማ

salami

ሳላሚ

soseji

ግዕዝም

huku

ደርሆ

katinga

ቀለወ

hlampfi

ዓሳ

oats

ገዓት

muesli

ሙስሊ.

rivele-ndzoho

ኮርንፍለይክስ

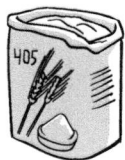

filawa

ሓርጭ

bantsi

ክሮሶን

xinkwa

ባኒ

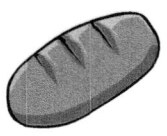

xinkwa

ባኒ

xinkwa xo oxiwa

ቶስት

makokisi

ብሽኩቲ

botere

ጠስሚ

ribomba ra tswamba

ርጎአ

khekhe

ፓስተ

tandza

እንቋቍሖ

matandza lama katingiweke

ቅሉው እንቋቍሖ

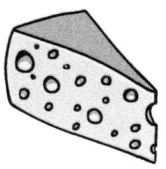

chizi

ፋርማጆ

ayisi khrimi

አይስ ክሪም

chukela

ሽኮር

vulombe

መዓር

jamu

ጅም

botere ya chokoleti

ኑጋት-ክሪም

curry

ኩሪ

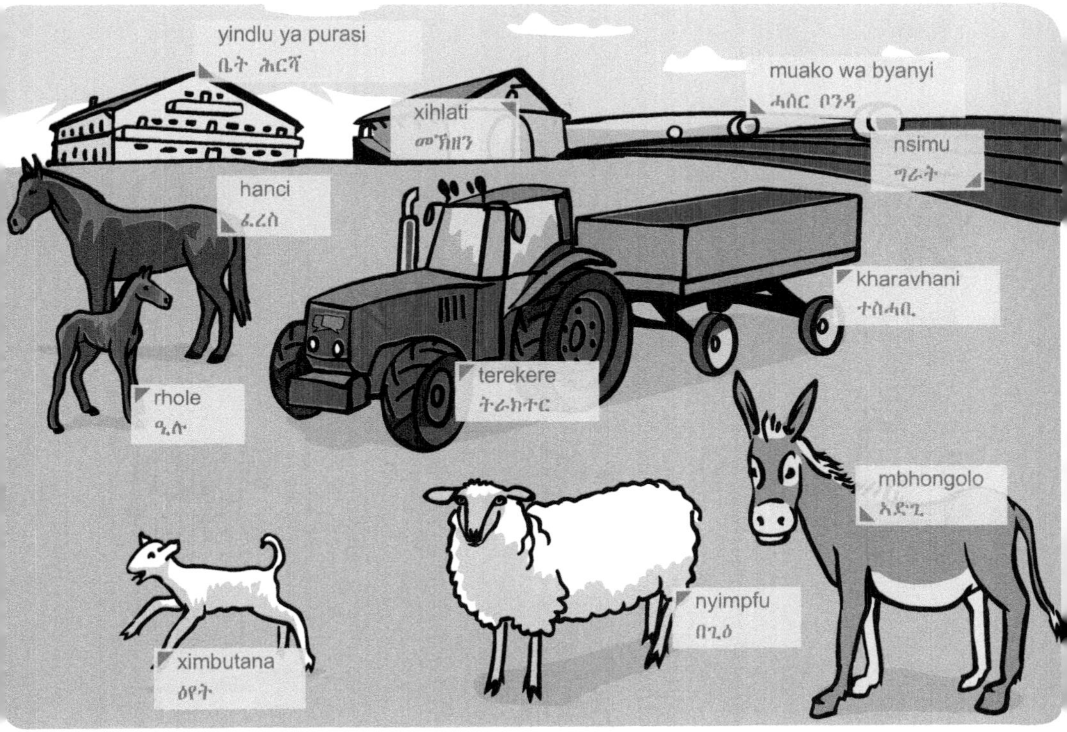

yindlu ya purasi
ቤት ሕርሻ

muako wa byanyi
ሓሰር ቦንዳ

xihlati
መኽዘን

nsimu
ግራት

hanci
ፈረስ

kharavhani
ተስሓቢ

rhole
ዒሎ

terekere
ትራክተር

mbhongolo
አድጊ

nyimpfu
በጊዕ

ximbutana
ዕየት

mhunti

ጤል

homu

ብዕራይ

rhole

ምራኽ

nguluve

ሓሰማ

xingulubyana

ውላድ ሓሰማ

nkuzi

እርሓ

sekwa

ዓሳ

sweka

ማይ ደርሆ

xikukwana

ጫቑፉት

mbhaha

ደርሆ

nkuku

አርሓ ደርሆ

kondlo

አንጨዋ ዓባይ

ximanga

ድሙ

kondlo

አንጭዋ

homu

ብዕራይ

mbyana

ከልቢ

yindlu ya mbyana

አጎዶ ከልቢ

payipi ya mati

ቱባ ጆርዲን

xilo xo chelela mati

መዝፈፈ ማይ

nsimbi yo tsema

ዓቢ ማዕጺድ

xikomu

ማሕረሻ

sikele

ማዕጺድ

xikomu

ጦኳር

foroko le yikulu

መስኦ

xihloka

ፋስ

bara

ዓረብያ ኢድ

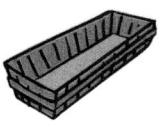

xitsengele

ጋብላ

xilo xo chela ntswamba

ብርጭቆ ጸባ

saka

ክሻ

rirhangu

ሓጹር

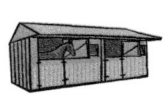

xivala

መንስስ

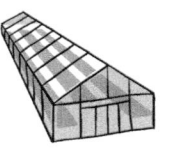

yindlu ya vuhlayiselo bya swimilana

ቆጠልያ ገዛ

misava

ባይታ

mbewu

ዘርኢ

swinonisi

ድኹዒ

muchini wa ku tshovela

ዘጣምር ቀውዓይ

tshovela

ቀውO

ntshovelo

ጻማ

mintsumbula

ድንሽ ያም

koroni

ስርናይ

tinyawa

ሶያ

nhlata

ድንሽ

koroni

ዕፉን

rapeseed

ራፕስ

nsinya wa mihandzu

ገረብ ፍረታት

ntsumbula

ማኒኦክ

swakudya swa tidzoho

አእኻል

yindlu

ገዛ

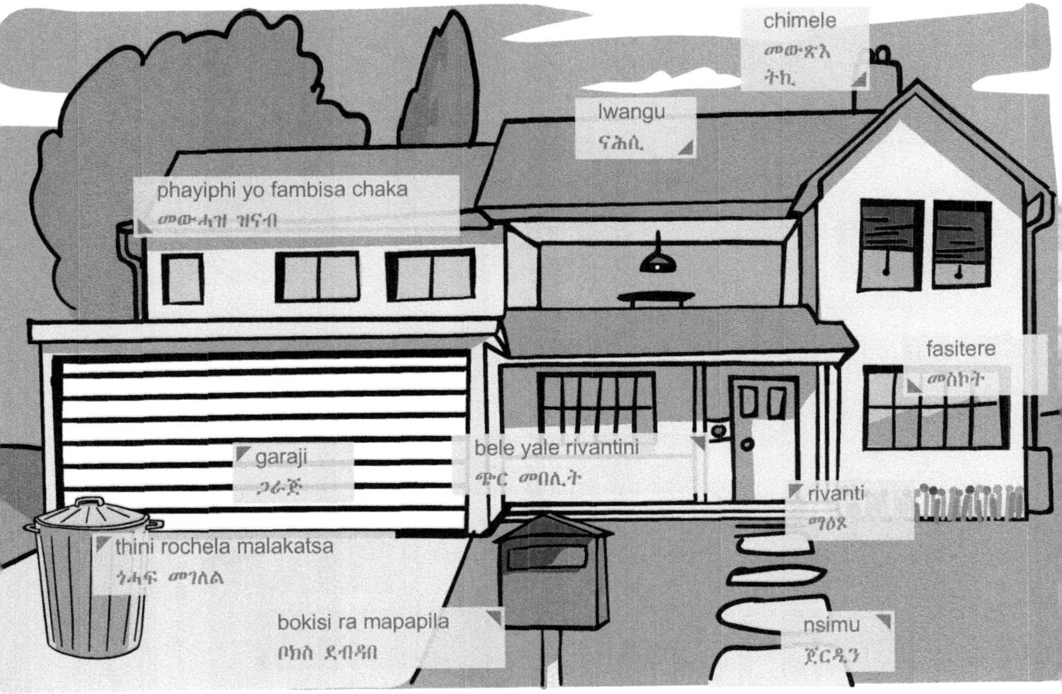

chimele
መውጽእ ትኪ
lwangu
ናሕሲ
phayiphi yo fambisa chaka
መውሓዝ ዝናብ
fasitere
መስኮት
garaji
ጋራጅ
bele yale rivantini
ጭር መበሊት
rivanti
ማዕጾ
thini rochela malakatsa
ጎሓፍ መገለል
bokisi ra mapapila
ቦክስ ደብዳበ
nsimu
ጀርዲን

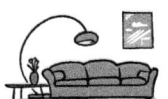

kamara ro tshama

ክፍሊ ምቕማጥ

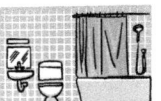

kamara yo hlambela

ክፍሊ ባንዮ

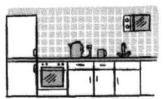

khishini

ክሽነ

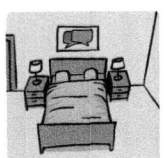

kamera ro etlela

ክፍሊ መደቀሲ

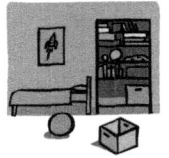

kamana ya vana

ክፍሊ ቆልዑ

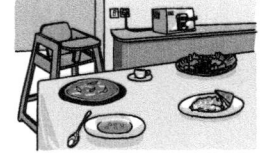

ndhawu yo dyela

መመገቢ ክፍሊ

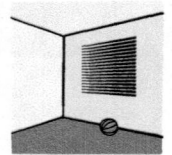

ehansi

ባይታ

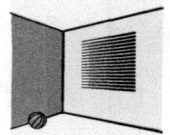

khumbi

መንደቅ

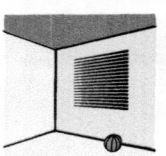

silingi

ከቦርታ

kamera ra le hansi

ካንቲና

phungula

ሳውና

rikupakupa

ባልኮን

tshala

ዛላ

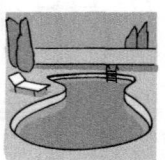

damu

መሕምበሲ

muchini wo tsema byanyi

መቝረጺ ሳዕሪ

nkumba

እንሳላ ዓራት

swo andlalela mubedo

ከቦርታ ዓራት

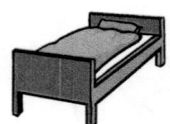

mubedo

ዓራት

nkukulu

መኸሳተር

bakiti

መገለል

swichi

መወልዒት

kamara ro tshama

ክፍሊ ምኽማጥ

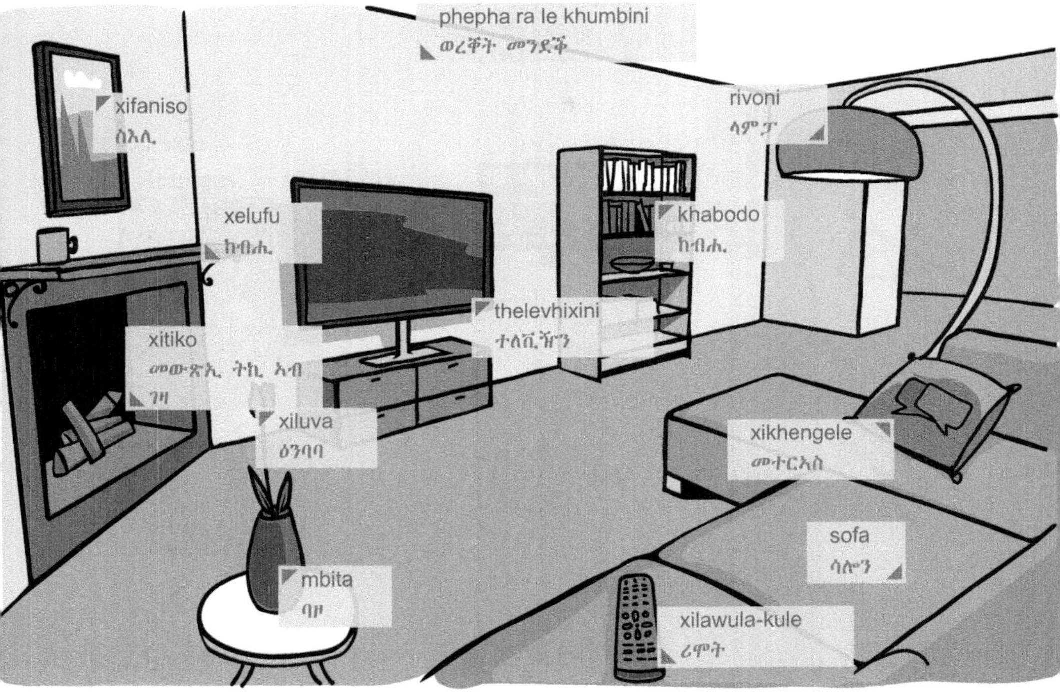

phepha ra le khumbini
ወረቐት መንደኞ
xifaniso
ስእሊ
rivoni
ላምፓ
xelufu
ከብሒ
khabodo
ከብሒ
thelevhixini
ተለቪዥን
xitiko
መውጽኢ ትኪ ኣብ ገዛ
xiluva
ዕንባባ
xikhengele
መተርኣስ
sofa
ሳሎን
mbita
ባዞ
xilawula-kule
ሪሞት

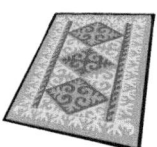

khapete

መንጸፍ

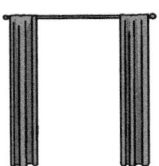

khethenisi

መጋረጃ

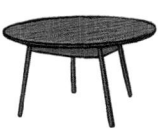

tafula

ጣውላ

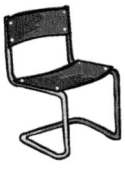

xitulu

መንበር

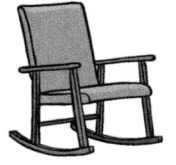

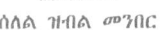

xitulu xo mbuwetela

ሰለል ዝብል መንበር

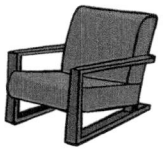

xitulu xo tlhandleka mavoko

መንበር ምቹእ

buku

መጽሐፍ

nkumba

ከቦርታ

nkhaviso

ስልማት

tihunyi

እንጨይቲ ሓዊ

filimi

ፊልም

muchini wa hi-fi

ስተሪዮ

xinotlelo

መፍትሕ

phepha-hungu

ጋዜጣ

xifaniso lexi vatliweke

ቅብአ

bodo ya xifaniso

ፖስተር

xiya-ni-moya

ሬድዮ

buku yo tsala tinhla

ጥራዝ

hoover

መልገሲ ደርና

xiluva xa cactus

በለስ

khandlela

ሽምዓ

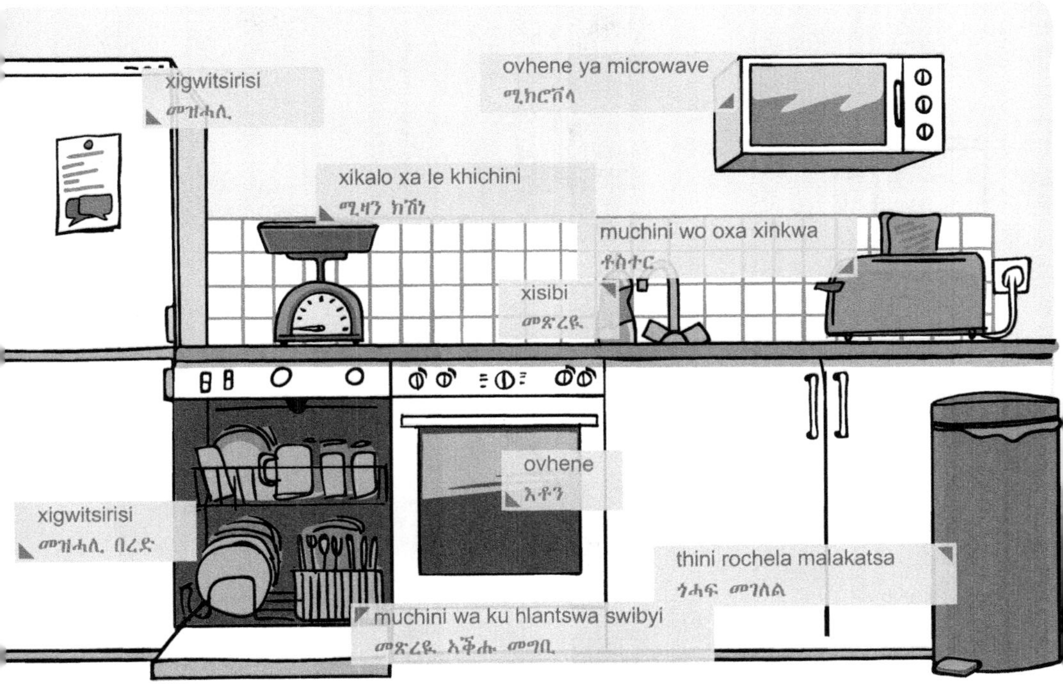

xigwitsirisi
መዝሐሊ.

ovhene ya microwave
ሚክሮቭላ

xikalo xa le khichini
ሚዛን ክሽን

muchini wo oxa xinkwa
ቶስተር

xisibi
መጽረዪ.

xigwitsirisi
መዝሐሊ. በረድ

ovhene
እቶን

thini rochela malakatsa
ጎሓፍ መገለል

muchini wa ku hlantswa swibyi
መጽረዪ እቃሑ መግቢ

mosweki

መኽሸኒ

poto

ድስቲ

poto ra nsimbi

ድስቲ ሓጺን

mbita yo swekela / kadai

ቦክ/ካዳይ

pani

ባደላ

ketlele

መውዓዪ ማይ

xo sweka hi nkahelo

መፍልሒ

thireyi ya ku baka

ጋንቴራ ምስንካት

swibya

ኣቅሓ መግቢ

xikomichana

ብርጭቆ

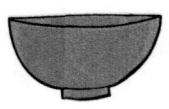

ximbitana

ጭሓሎ

ti-chopstick

ማንካቺና

xipunu

ማንካ መረቅ

spatula

መገልበጢ ባደላ

muchini wo hlanganisa

መኸሎስተር ውርጪ

sefo

መንፈት መግቢ

xisefo

መንፈት

xilo xo tsemelela

መፋሕፍሒ

xibye

ሞርታር

nyama yo oshiwa

ባርቢክዩ

ndzilo

ስፍራ ሓዊ

bodo ya ku tsemelela

እንጨይቲ ምምታር

mhandzi yo andlala fulawa

እንጨይቲ ኩረር

xo pfula mabodlhela

መኽፈት ቡሽ

thini

ታኒካ

xo pfula mathini

መኽፈቲ ታኒካ

xo khoma poto

ጨርቂ ድስቲ

zinki

ቡምባ

buracha

አስባስላ

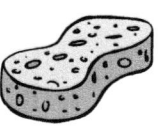

xiponci

ሰፍነግ

xilo lexi hlanganiselaka

ሓዋሲ አደባላቒ

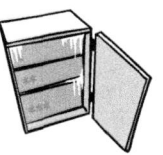

xigwitsirisi

መዝሓሊ በረድ

bodlhela ra n'wana

ጥርሙዝ ማማይ

pompi

ቡምባ ማይ

kamara yo hlambela

ክፍሊ ባንዮ

shawara
መሕጸቢ ሻወር
kukufumeta
መውዓዪ
thawula
ሽጎማኖ
khethenisi ra shawara
ሻወር መጋረጃ
xisibi xo hlambela a bavhini
መሕጸቢ ዓፍራ
bavhu
ባንዮ መሕጸቢ
nghilazi
ብኬሪ
muchini wa ku hlantswa
ሓጻቢት
pompi
ቡምባ ማይ
tithayilisi
ማቶነላ
xihambukelo
ድስቲ
zinki
ቡምባ

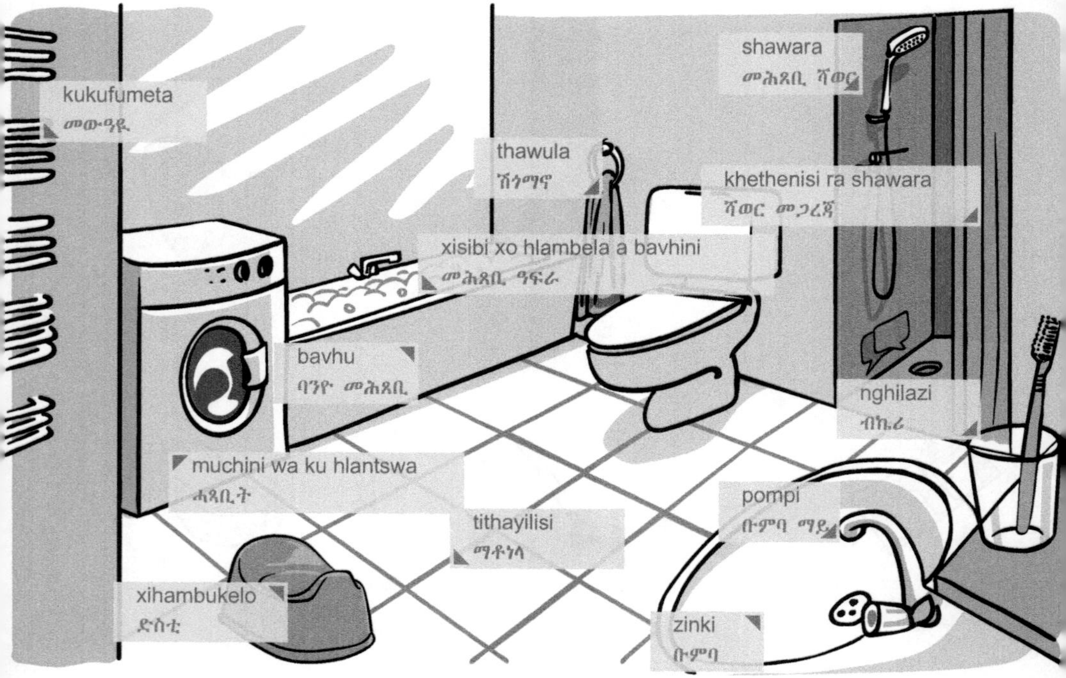

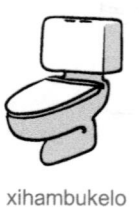

xihambukelo

ሽቓቕ

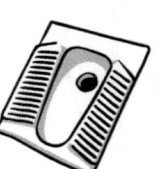

xihambukelo

ሽቓቕ ኮፍ

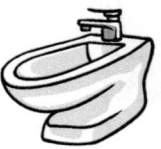

bidet

በዴ

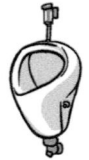

ndhawu yo tsakamisela

ሽቃቕ ተባዕታይ

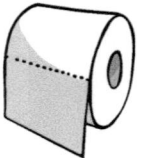

papila ra xihambukelo

ወረቐት ሽቓቕ

burachi bya xihambukelo

ኣስባስላ ሽቓቕ

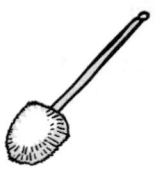

burachi bya meno

አስባስላ ስኒ

xisibi xa meno

ክሪማ ስኒ

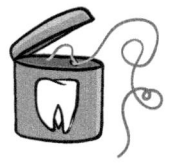

xo basisa exikarhi ka meno

ሃሪ ስኒ

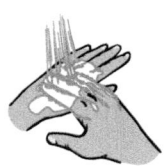

hlamba

ሓጸብ

xawara yo khomiwa hivoko

ዱሽ ኢ.ድ

douche

ዱሽ

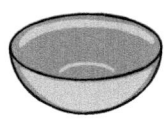

xihlambelo

ብርጭቆ ምሕጻብ

buracha ra nhlana

አስባስላ ሕቆ

xisibi

ሳምና

xisibi xa xawara

ሻወር ጀል

shampoo

ሻምፑ

swilapana

ጨርቂ መሕጸቢ

xinambyana

መውሓዚ

rivomba

ክሪማ

xinhuherisi

ደዖ ጨና

xivoni

መስትያት

xivoni xo khomiwa hivoko

ናይ ኢድ መስትያት

rikarhi

መላጸ

xisibi so susa malevu

ዓፍራ ምልጻይ

mafurha ya kutola loku u
heta ku tsemeta malevu

ጨና ድሕሪ ምልጻይ

kama

መመሸጥ

buracha

ኣስባስላ

muchini wo omisa mosisi

መንቐጂ ጸግሪ

mafurha yo tola mosisi

ስፕረይ ጸግሪ

xo tisasekisa

መመላኸዪ

xotota nomo

ብርዒ ቀለም ከንፈርC

xo tota minwala

ኣዝማልቶ

kotoni

ጸምሪ ጡጥ

xo tsema minwala

መስደዲ ጽፍሪ

xinhuherisi

ጨና

nkwama wa le
xihambuketweni

ሳንጣ መሕጸቢ

nchuluko

ድኳ

xikalo

ሚዛን

nguvu yo hlamba

ክዳን መሕጸቢ

tiglovhu ta raba

ጓንቲ መጸረዩ

tampon

ታምፖን

thawula ra ku basisa

ጨርቂ ሰበይቲ

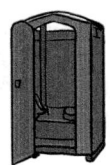

xihambukelo xa le handle

ሽቻቅ ከሚስትሪ

kamana ya vana

ክፍሊ ቆልዑ

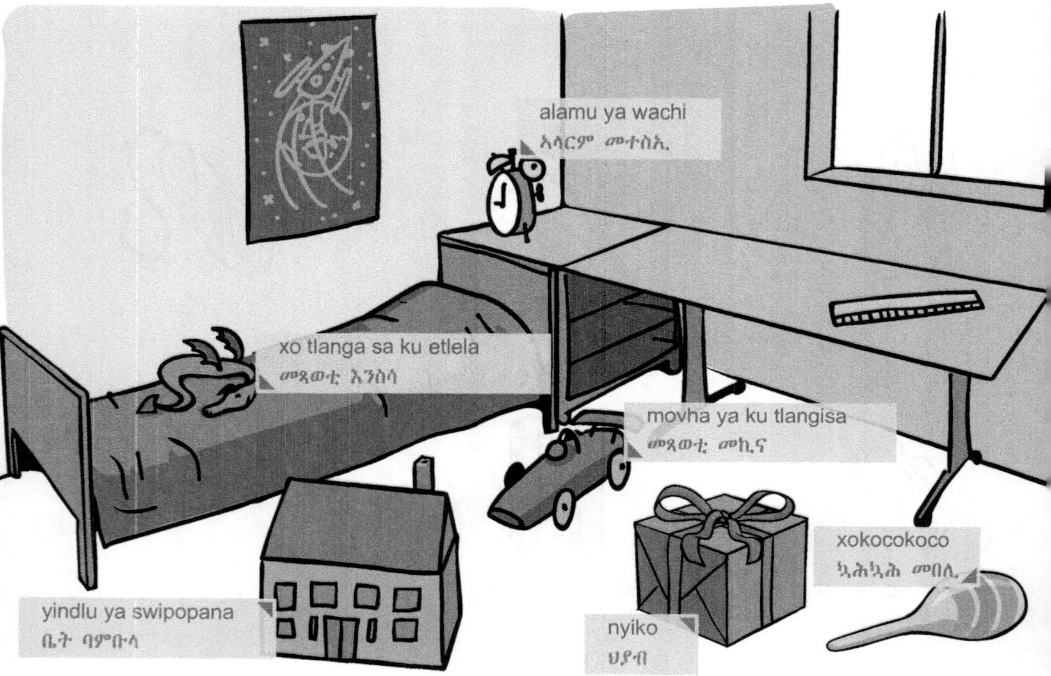

alamu ya wachi
ኣላርም መተስኢ
xo tlanga sa ku etlela
መጻወቲ እንስሳ
movha ya ku tlangisa
መጻወቲ መኪና
xokocokoco
ኳሕኳሕ መበሊ
yindlu ya swipopana
ቤት ባምቡላ
nyiko
ህያብ

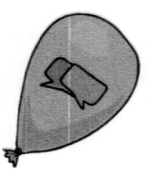

baluni

ባላንችና

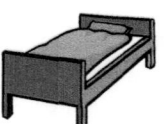

mubedo

ዓራት

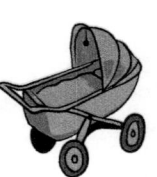

pureme

ሰረገላ ህጻን

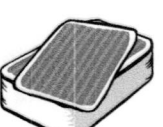

makhadi

ጸወታ ካርታ

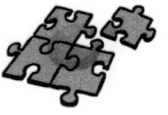

jigsaw

ሕንቅሊተይ

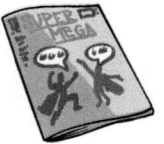

khomiki

ኮሜዲ

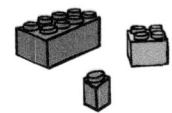

switina swa lego

እምንታት መጻወቲ ለጎ

swiaki

መጻወቲ እምንታት

xo tlanga xa vana

በዓል አክቾን

swiambalo swa nwana

ክዳን ማማይ

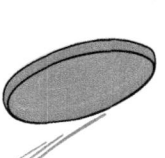

Frisbee

ፍሪስቢ

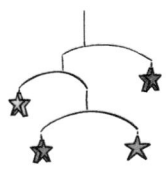

mobile

ሞባይል ማማይ

ntlango wa le bodweni

ጸወታ ሰሌዳ

dayisi

ኩቦ

xitimela xo tlanga

ሞደል ባቡር ምድሪ

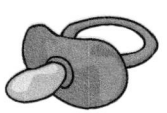

xo tlangisa vana

ዓባስ

nkhuvo

ፓርቲ

buku ya swifaniso

መጽሐፍ ስእሊ

bolo

ኩዕሶ

xipopana

ባምቡላ

tlanga

ተጻወተ

khele ra sava

መጻወቲ ሑጻ

muchinginya

ሰላል

swilo swo tlangisa

መጻወቲታት

mintlango ya vhidiyo

ኮንሶል ቪድዮ

xithuthuthu xa mivhilwa
manharhu

መጻወቲ ሰለስተ መንኮርኮር

tibere to tlangisa

ተዲ

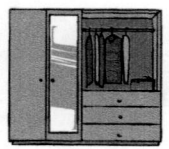

wadirobo

ከብሒ. ክዳን

masokisi

ካልስታት

masokisi

ነዊሕ ካልስታት

buruku byo tlimba

ስረ ካልሲ.

xikhafu
ሻርባ

ambulele
ጽላል

bandhi
ቁልፊ

xikipa
ማልያ

tintangu
ረፋዕ

maphashana
ጫማ ገዛ

tintangu to tsutsuma
ስኒከርስ

maphashana

ሽበጥ

tintangu

ጫማ

majombo ya raba

ረፋዕ ጎማ

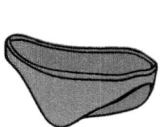

maburuko ya le ndzeni

ሙታንታ

bodi

ከዳን ጡብ

xikipa xa le ndzeni

ትሕተ ካሚቻ

miri

ቦዲ

maburuko

ስሪ

bokati

ጂንስ

xiketi

ቀሚሽ

bulawusi

ካምቻ

hembe

ካሚቻ

jesi

ጉልፎ

jazi ro fingeneta nhloko

ጎልፎ

buleyizara

ጃኬት

baji

ጃክት

nghuvo

ጁባ

jazi rampfula

ክዳን ዝናብ

swiambalo

ኮስቱም

swiambalo

ቀሚሽ

rhoko ya mucato

ቀሚሽ መርዓ

sudu

ልብሲ.

xiambalo xo etlela

ካሚቻ ለይቲ

swi ambalo swo etlela

ክዳን ለይቲ

sari

ሳሪ

xikhafu

መሃረብ ርእሲ.

duku

ቱርባን

burqa

ቡርካ

swi ambalo

ካፍታን

abaya

ኣባያ

swiambalo swo hlambela

ክዳን መሕምበሲ.

maburuko ya le ndzeni

ስረ መሕምበሲ.

buruku ro koma

ሓጺር ስረ

tracksuit

ክዳን ታዕሊም

fasikoti

በጃ ክዳን

maglilavhu

ጓንቲ

kunupu

መልጎም

manghilazi ya mahlo

መነጽር

sindza

በንናጅር

vuhlalu

ማዕተብ

xingwaxila

ቀለበት

vo sasekisa tindleve

ኩትሻ

kepisi

ቆብዕ

hangara ya nghuvo

መንበሪ ጁባ

xigqoko

ባርኔጣ

thayi

ካርራቫት

zipi

ሻርኔጣ

xihuku

ሀልመት

minxongotelo

መድልደል ስረ

swiambalo swa xikolo

ድቢዛ ቤትትምህርቲ

yunifomo

ድቢዛ

bibi

ሰደርያ ቆልዓ

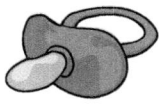

xo tlangisa vana

ዓባስ

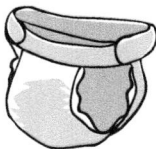

leyiri

ጨርቂ ማማይ

server
ሰርቨር

khabodo yo beka tifayili
ኮብሒ ሰነድ

muchini wa ku kandziyisa
ፕሪንተር

xikirini
ሞኒተር

papila
ወረቐት

tafola
ጣውላ
መስ ሐፍ

xilo xo veka swiphephana
ሐጺሬ

mouse
ኣንጭዋ

keyboard
ኪቦርድ

xikotela xo lahla maphepha
ጐሓፍ ወረቐት

khompyuta
ኮምፒተር

xitulo
መንበር

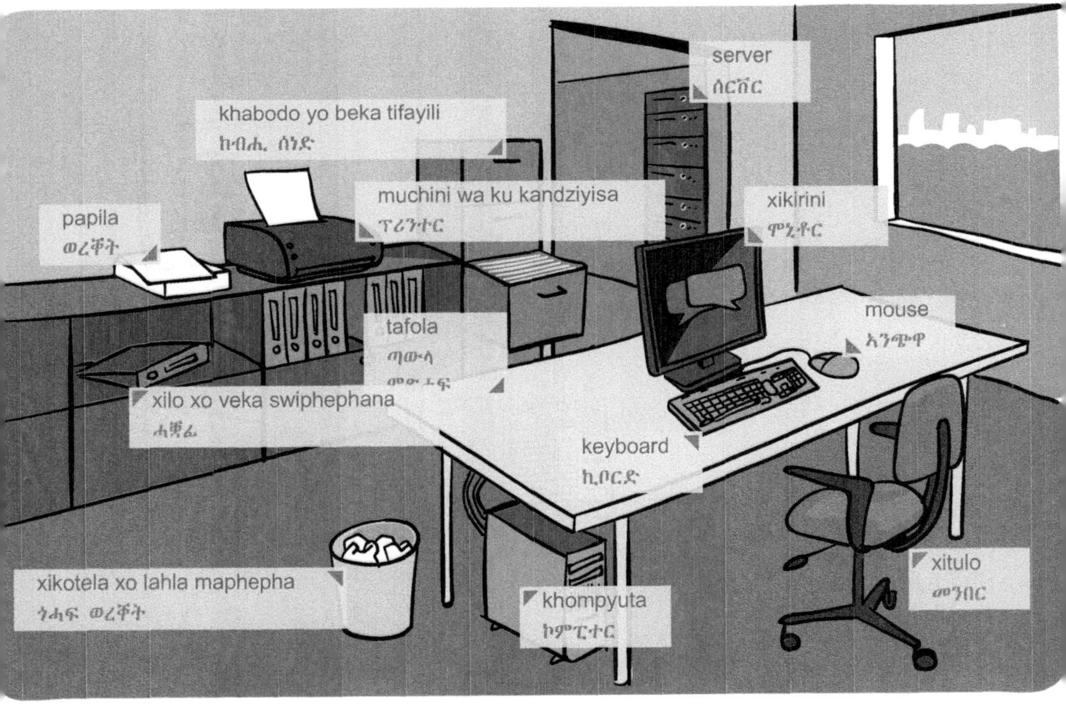

bikiri ra kofi

ብርጭቆ ቡን

muchini wo hlaya

ካልኩለተር

internet

ኢንተርኔት

laptop

ለፕቶፕ

papila

ደብዳበ

rungula

መልእኽቲ

foni

ሞባይል

network

ነትወርክ/መርበብ

muchini wo endla tikopi

መቅድሒ ፎቶኮፒ

progreme ya khompyuta

ሶፍትዌር

riqingho

ተለፎን

pulagi ya gezi

ሶከት ኣረንቲ

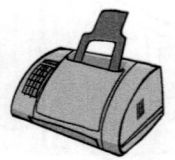

muchini wo rhumela rungula

ፋክስ

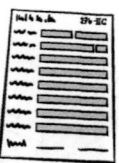

fomo

ፎርም

papila

ሰነድ

xava

ገዘአ

hakela

ከፈለ

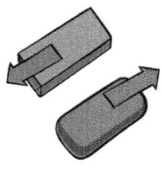

xavisa

ንግዲ

mali

ገንዘብ

dolara

ዶላር

euro

ኦይሮ

yen

የን

rouble

ሩብል

Swiss franc

ስዊዝ ፍራንክን

renminb yuan

ረንሚንቢ ዮዋን

rupee

ሩፐየ

muchini wa mali

መውጽኢ ማሺን ገንዘብ

ndhawu yo cinca mali

ቦታ ቅያር ገንዘብ

nsuku

ወርቂ

silivhere

ብሩር

mafurha

ዘይቲ

matimba

ሓይሊ

hakelo

ዋጋ

ntwanano

ውዕል

xibalo

ቀረጽ

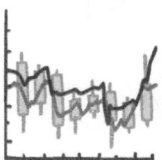

nundzu ya timali

እኩብ ጥሪ-ነገራት

tirha

ስራሕ

mutirhi

ሰራሕተኛ

mothorhi

አስራሒ

fektri

ትካል

xitolo

ዱኳን

phorisa
በዓል ፖሊስ

mutimi wa ndzilo
መጠፊኢ ሓዊ

musweki
ከሸኔ

dokodela
ሓኪም

muhahisi
መራሒ ነፋሪት

muhlayi wa ntanga

ሰራሕትኛ ጀርዲን

muvatli

ጸራቢ ዕንጸይቲ

murungi

ሰፋይት

muavanyisi

ፈራዳይ

xitshunguri

ቀማሚ

mutlangi

ተዋሳኢ

muchaeri wa tibazi

መራሒ አዉቶቡስ

muchayeri wa thekisi

አዉቲስታ ታክሲ

muphasi wa tinhlampfi

ገፋፊ ዓሳ

wansati wa ku basisa

ጸራጊት

mufuleri

ሃናጺይ ናሕሲ

muphameri

አሰላፊ

muhloti

ሃዳናይ

mupendi

ሰአላይ

mubaki

እንዳ ሕብስቲ

mutivi wagezi

ኤለትሪከኛ

muaki

ሃናጺ አባይቲ

munjiniyara

ሃንዳሲ

muxavisi wa nyama

ሰራሕተኛ እንዳ ስጋ

muplambara

ድራብሊኮ

muheleketi wa poso

አማላላሲ ፖስጣ

socha

ወተሃደር

mumpfampfarhuti

መሃንድስ

muamukeli wa timali

ተሓዝ ገንዘብ

muxavisi wa swiluva

ሰራሕተኛ ዕምባባ

mululamisi wa misisi

ቀምቃማይ

mufambisi

ፈተሪኖ

munhu wo lungisa timovha

መካኒክ

mulawuri

መራሒ መርከብ

dokotela wa matinho

ሓኪም ስኒ

mutivi wa sayensi

ተመራማሪ

mufundisi

ራቢ

murhangeri

ኢማም

nghwendza

ፈላሲ

mfundisi

ቀሺ

switirhisiwa

ናውቲ

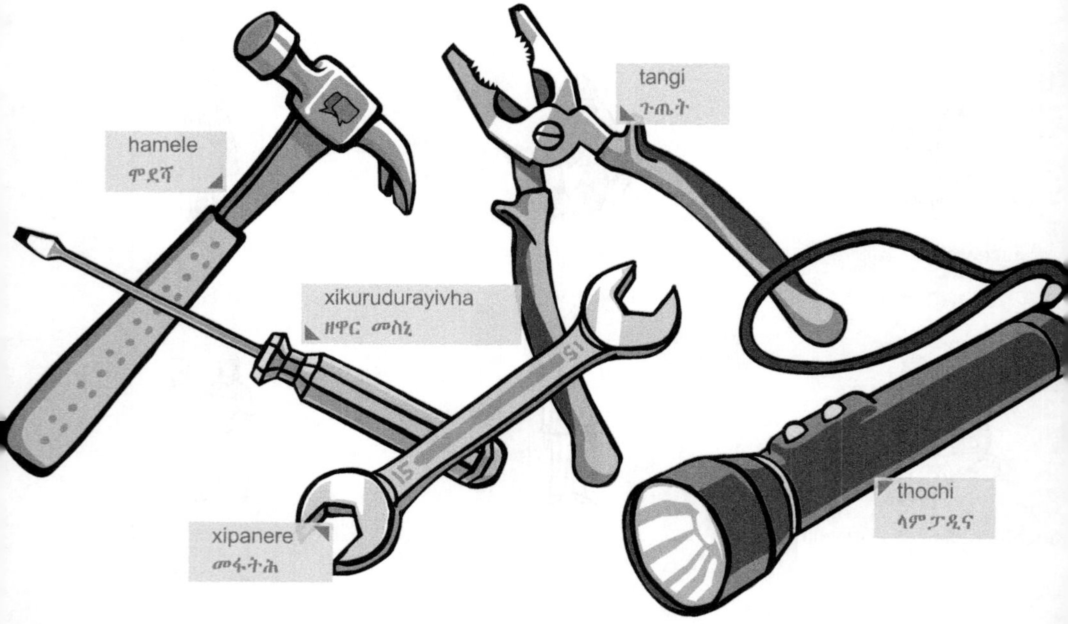
hamele
ሞደሻ
tangi
ጉጤት
xikurudurayivha
ዘዋር መስኒ
xipanere
መፋትሕ
thochi
ላምፓዲና

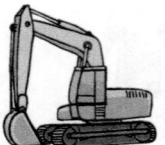

muchini wo cela

ፈሓሪ

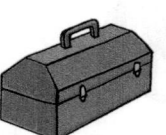

bokisi ra switirhisiwa

ናውቲ ቦክስ

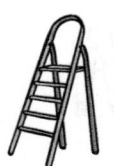

xitepisi

መደያይቦ

saha

መጋዝ

swipikiri

መስማር

muchini wo boxa

ኩዓቲ

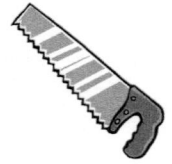

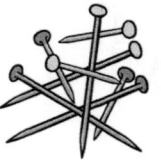

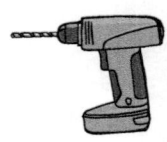

lunghisa

ምዕራይ

foxolo

ባደላ

Thyaka!

አይ!

nchumu wo susa ritshuri

መትሓዚ ዶርና

mbita ya pende

ድስቲ ቀለም

bawuti

ካቻቢተ

swichayachayana
መሳርሒ ሙዚቃ

swigubu
ከበሮታት

double bass
ረጉድ ዓባይ
ጊታር

mhalamhala
ትሮምፐት

xikurisa-mpfumawulo
እስፒከር

katara
ጊታር

piyano

ፒያኖ

violin

ቫዮሊን

bass

ባስ ጊታር

timpani

ቲምንኢ

xigubu

ከበሮ

keyboard

ኦርጋን

saxophone

ሳክሶፎን

xitiringo

ሻምብቆ

xikurisa-marito

ሚክሮፎን

yingwe
ነብር

hoko
ነብይ

ndhawu ya ku ngher
መእተዊ

mangwa
አድጊ በረኻ

swakudya swa swiharhi
መግቢ እንስሳ

panda
ፓንዳ

swiharhi

እንስሳታት

ndlopfu

ሓርማዝ

xinjhenghwe

ካንጋሩ

mhelembe

ሓሪሽ

gorila

ጉሪላ

bere

ድቢ

kamela

ገመል

yintsha

ሰገን

nghala

አንበሳ

nkawu

ህበይ

flamingo

ፍላሚንጎ

hokwe

ሕንጻይ

bere

ድቢ በረድ

penguin

ፐንጉን

shaka

ከልቢ ዓሳ

hanti

ጣውስ

nyoka

ተመን

ngwenya

ሓርገጽ

muhlayisi wa mintanga ya
swiharhi

ሓላዊ ቤት ገርድሽ

seal

ዓሳ ዚምጉብ እንስሳ ባሕሪ

jaguar

ጃጓር

hanci

ሐጺር ፈረስ

yingwe

ነብሪ

mpfuvu

ጉማሬ

nhutlwa

ጂራፍ

gama

ሊላ

ngluve ya nhova

መፍለስ

hlampfi

ዓሳ

mfutsu

ጎብየ

nyimpfu ya le lwandle

ዋልሩስ

mhungubye

ወኻርያ

mhala

ሰስሓ

bolo ya le Amerika
ናይ አሜሪካ ኩዕሶ እግሪ

kufamba hi xi kanyakanya
ምግዛዋር ብሽግለታ

tennis
ተኒስ

basketball
ባስኬትባል

kuhlambela
ምሕምባስ

ntlango wa ku bana
ቦክሲንግ

khororo ya le ayisini
ሆኪ በረድ

bolo
ኩዕሶ እግሪ

badminton
ባድሚንተ$ን

mintlango
እስፖርታዊ ንጥፈታት

bolo ya mavoko
ኩዕሶ ኢድ

kureta e gambokweni
ስኪ

polo
ፖሎ

tlula
ነጠረ

hleka
ሰሐቐ

angara
ሓቖፈ

famba
ከደ

yimbelela
ደረፈ

lora
ሓለመ

khongela
ጸለየ

ntswontswa
ሰዓመ

tsala
ጸሓፈ

dirowa
ሰኣለ

komba
ኣርኣየ

dlidlimeta
ደፍአ

nyika
ሃበ

teka
ወሰደ

yi va

አለወ

endla

ገበረ

ku va

ኮነ

yima

ጠጠው በለ

tsutsuma

ጎየየ

koka

ሰሓበ

lahlela

ሰንደወ

wana

ወደቀ

hemba

ሓሰወ

rindza

ተጸበየ

rhwala

ሰከም

tshama

ኮፍ በለ

ambala

ተኸድነ

tlela

ደቀሰ

pfuka

ተስአ

mintirho - ንጥፈታት

languta

ረአየ

rila

በኸየ

bana

ብአጻብዑ ደረዘ

kama

መሸጠ

vulavula

ተዛረበ

twisisa

ተረድአ

vutisa

ሓተተ

yingisa

ሰምዐ

nwana

ሰተየ

dyana

በልዐ

basisa

አቐመጠ

randza

አፍቀረ

sweka

ከሸነ

chayela

ዘወረ

haha

ነፈረ

tluta

ብመርከብ ገየሽ

hlaya

ደመረ

hlaya

አንበበ

hlaya

ተመሃረ

tirha

ሰርሐ

teka

መርዓወ

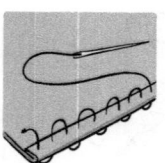

rhunga

ሰፈየ

kuhlamba meno

ጽሬት አስናን

dlaya

ቀተለ

dzaha

ሽጋራ ተከኸ

rhumela

ሰደደ

wana wa xisati

kokwana wa xinuna
አቦሓጎ

tatana
አቦ

mana
እደ

nwana
ማማይ

n'wana wa nwanyana
ጓል

n'wana wa mfana
ወዲ

muendzi

ጋሻ

hahani

ሓትኖ

malume

አኮ

makwerhu

ሓው

makwrhu

ሓፍቲ

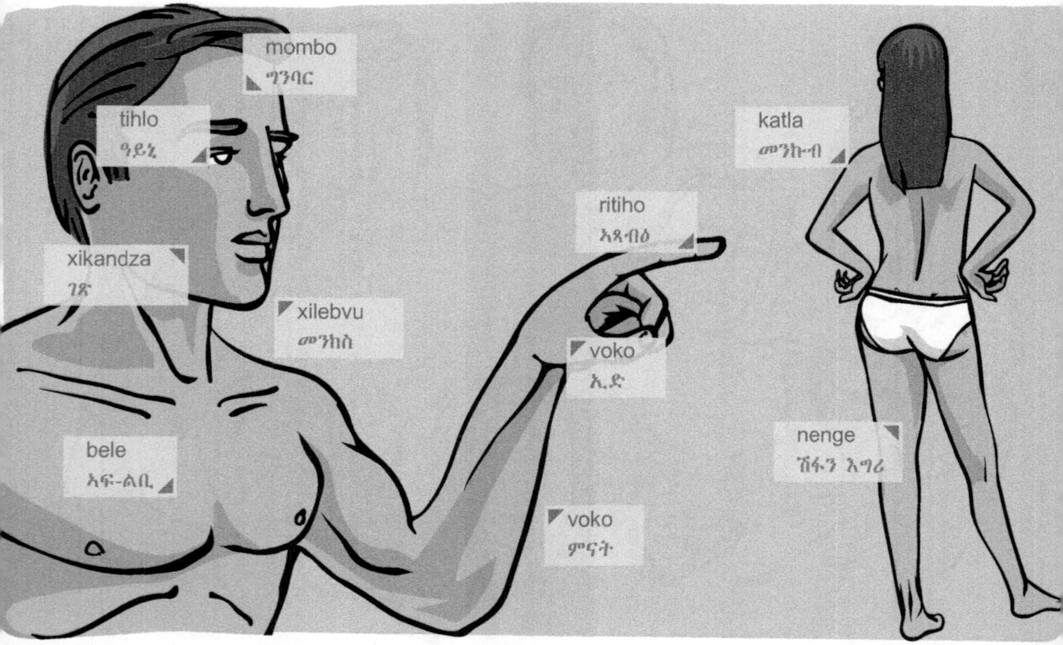

mombo
ግንባር

tihlo
ዓይኒ

katla
መንኩብ

ritiho
ኣጻብዕ

xikandza
ጉጽ

xilebvu
መንከስ

voko
ኢድ

bele
አፍ-ልቢ

nenge
ሽፋን እግሪ

voko
ምናት

nwana

ማማይ

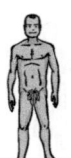

n'wanuna

ሰብአይ

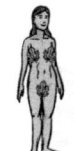

nw'ansati

ሰበይቲ

nhwanyana

ጓል

mfana

ወዲ

nhloko

ርእሲ

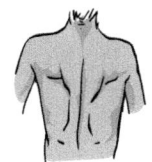

nhlana

ሕቖ

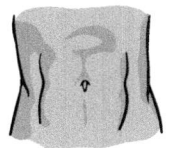

khwiri

ከስዐ

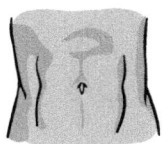

nkava

ሕምብርቲ

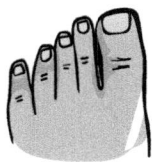

xikunwani

ኣጻብዕ እግሪ

xirhenze

ኩርኹሪ

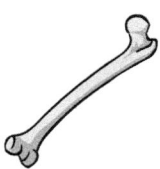

rhambu

ዓጽሚ

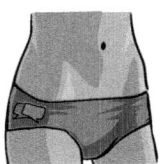

nyonga

ምሕኮልቲ

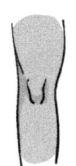

tsolo

ብርኪ

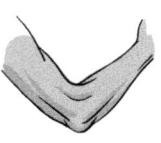

xikokola

ፍግፍጐ

nompfu

ኣፍንጫ

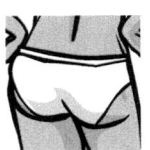

xisuti

መዓኮር

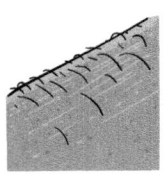

nhlonge

ቆርበት

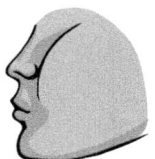

rhama

ምዕጉርቲ

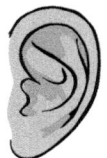

ndlebe

እዝኒ

nomu

ከንፈር

nomu

አፍ

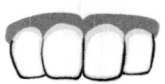

tinyo

ስኒ

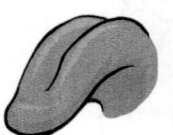

ririmi

መልሓስ

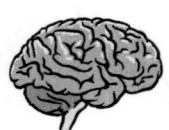

byongo

ሓንጎል

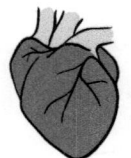

mbilu

ልቢ

nsiha

ጭዋዳ

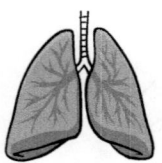

hahu

ሳንቡእ

vixindzi

ጸላም ከብዲ

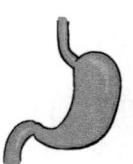

khwiri

ከብዲ

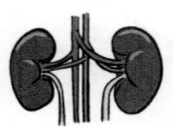

tinso

ኮሊት

masangu

ግብረ ስጋ

khondomu

ኮንዶም

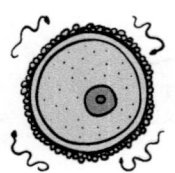

tandza

እንቋቍሓ

mbewu ya vununa

ዘርኢ ተባዕታይ

nyimba

ጥንሲ

miri - ኣካላት

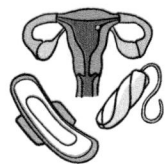

kuya enkarhini

ጽግያት

muhocho

ርሕሚ.

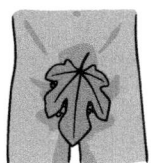

xiluma

መትሎ

tinxiyi

ሸፋ/ሸፍቲ

misisi

ጸግሪ

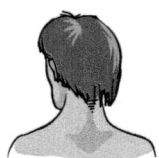

nhamu

ክሳድ

xibedlhele

ሆስፒታል

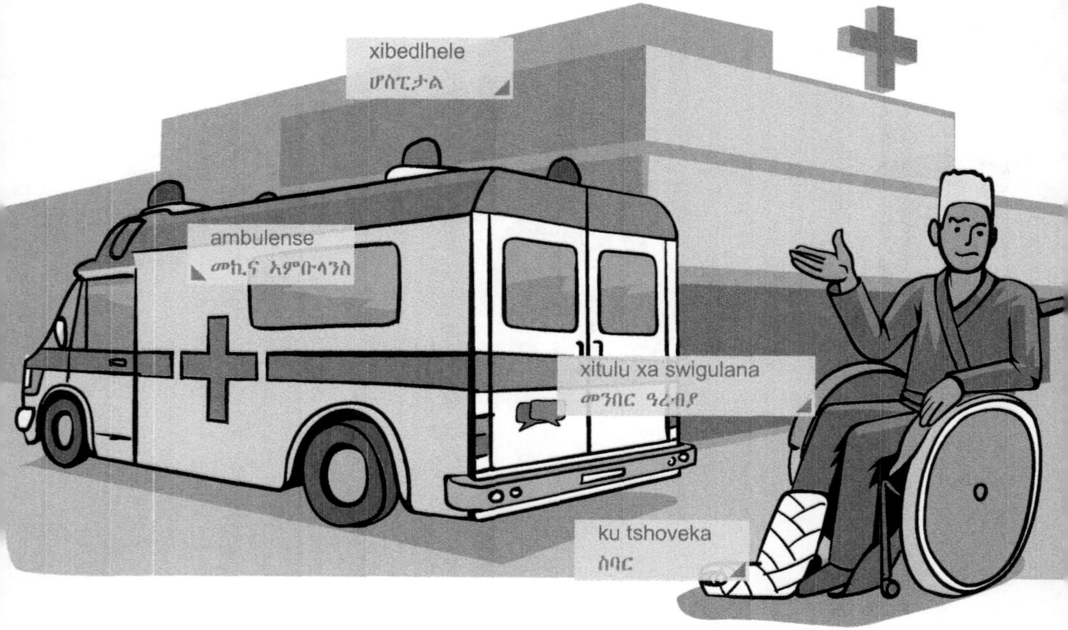

xibedlhele
ሆስፒታል
ambulense
መኪና ኣምቡላንስ
xitulu xa swigulana
መንበር ዓረብያ
ku tshoveka
ስባር

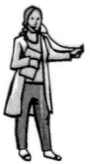

dokodela

ሓኪም

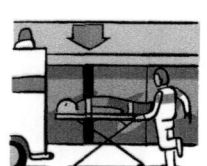

kamara ra xilamulela-mhango

ክፍሊ ህጹጽ ረድኤት

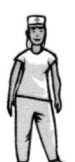

muongori

ኣላይት

xihatla

ህጹጽ ኩነት

ku titivala

ውንኡ ዘጥፍእ

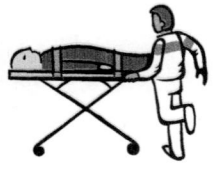

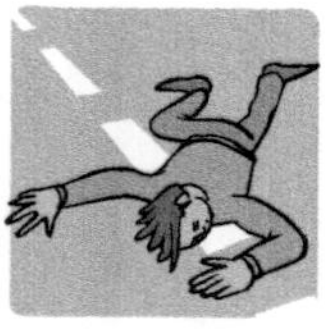

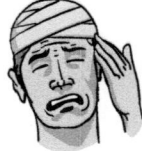

kuvava

ቃንዛ

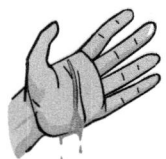

ku vaviseka

ጉድአት

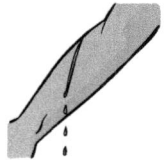

mpfempfa ngati

ደም

ku hlaseriwa himbilu

ማህረምቲ

ku oma swirho

ማህረምቲ

rinyenyo

አለርጂ

khohlola

ሰዓል

xifumbu

ረስኒ

mukhuhlwana

ኡንፍልወንዛ

nchuluko

ውጽአት

ku pandza ka nhloko

ቃንዛ ርእሲ

khensa

መንሸር

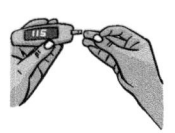

chukela

ሽኮርያ

dokodela

ሓኪም መጥባሕቲ

mukwana

መጥብሒ

vuhandzuri

መጥባሕቲ

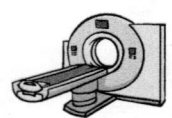

CT

CT

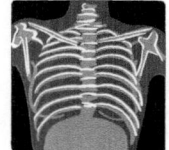

x-rheyi

ራጄ

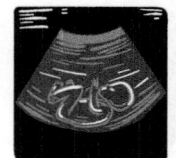

muchini wo yingisela
ntshuka-ntshuko

ልዕለ ድምጻዊ

xo tipfala tinhomfu

መሸፈኒ ገጽ

vuvabyi

ሕማም

kamara ro rindza

ክፍሊ ምጽባይ

nhonga

ምርኩስ

semendhe

መጅነኒ ቁስሊ

bandhichi

መጅነኒ

neleta

መርፍዕ ምውጋእ

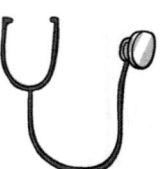

muchini wa madokodela wa
ku yingisa

ስተቶስኮፕ

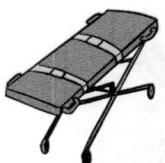

rihlaka

መሰከሚ ሕማም

xipima-mahiselo

ቴርሞመተር

ku veleka

ትውልዲ

ku nyuhela

ልዕለ-ሚዛን

swipfuneta-ku-twa

ሓገዝ ምስማዕ

khemikhale yo dlaya switsongwatsongwana

ኣንጻሂ

switsongwatsongwana

ልብዳ

xitsongwatsongwana

ቫይረስ

HIV / AIDS

ኤድስ

miri

ሕክምና

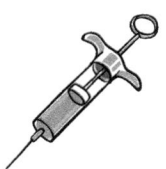

nayiti

ክታብ

maphilisi

ከኒና

pilisi

ከኒና

riqingho ra xihatla

ህጹጽ ምድዋል

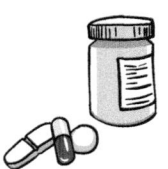

muchini wo kamba nsusumeto wa ngati

መዐቀኒ ጸቕጢ ደም

vabya / hanya

ሕሙም / ጥዑይ

Pfunani!

ሓገዝ

bele

ኣላርም

ku hlaseriwa

ም'ህጃም

hlasela

መጥቃዕቲ

khombo

ድንገት

nyangwa wo huma loko ku ri ni mhango

ህጹጽ መውጽኢ

Ndzilo!

ሓዊ!

xo tima ndzilo

መጥፍኢ ሓዊ

mhangu

ሓደጋ

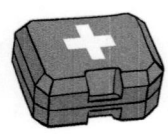

bokisi ra xilamulela-mhango

ሳንጣ ቀዳማይ ረድኤት

SOS

SOS

phorisa

ፖሊስ

Yuropa

ኤውሮጳ

Amerika N'walungu

ሰሜን አመሪካ

Amerika Dzonga

ደቡብ አመሪካ

Afrika

አፍሪቃ

Asia

ኤስያ

Australia

አውስትራልያ

Atlantic

አትላንቲክ

Pacific

ፓሲፊክ

Lwandle-nkulu ra Indiya

ህንዳዊ ዉቅያኖስ

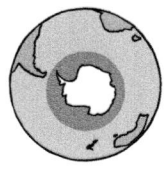

Lwandle-nkulu ra Antarctic

አንታርቲካዊ ዉቅያኖስ

Lwandle-nkulu ra Arctic

አርክቲካዊ ዉቅያኖስ

North Pole

ሰሜናዊ ዋልታ

South Pole

ደቡባዊ ዋልታ

Antarctica

አንታርቲካ

Misava

ምድሪ

tiko

መሬት

lwandle

ባሕሪ

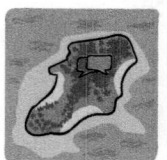

xihlala

ደሴት

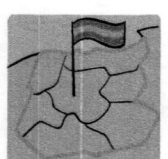

rixaka

ሃገር

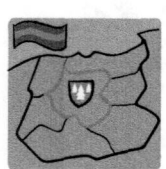

tiko

ዓዲ

xikomba nkarhi

ገጽ ሰዓት

xikomba-tiawara

አመልካቲ ሰዓታት

xikomba-timineti

አመልካቲ ደቓይቕ

xikomba-tisekoni

አመልካቲ ካልኢት

I nkarhi muni?

ሰዓት ክንደይ አሎ?

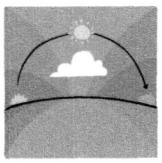

siku

መዓልቲ

nkarhi

ግዜ

sweswi

ሕጂ

wachi leyi tshavatelaka

ዲጂታል ሰዓት

minete

ደቒቕ

awara

ሰዓት

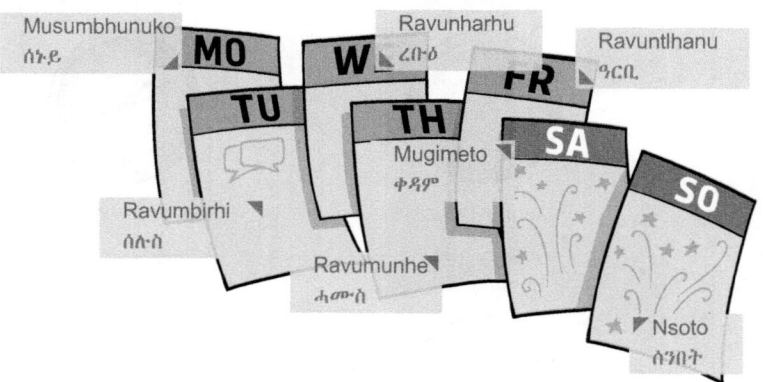

Musumbhunuko ሰኑይ
MO

Ravunharhu ረቡዕ
W

Ravuntlhanu ዓርቢ
FR

TU

TH

Mugimeto ቀዳም
SA

Ravumbirhi ሰሉስ

Ravumunhe ሓሙስ

SO

Nsoto ሰንበት

tolo

ትማሊ.

namuntlha

ሎሚ

mundzuku

ጽባሕ

mixo

ንጎሆ

nhlekani

ቀትሪ

madyambu

ምሸት

masiku ya ntirho

መዓልታት ስራሕ

mahelo vhiki

መወዳእታ ሰሙን

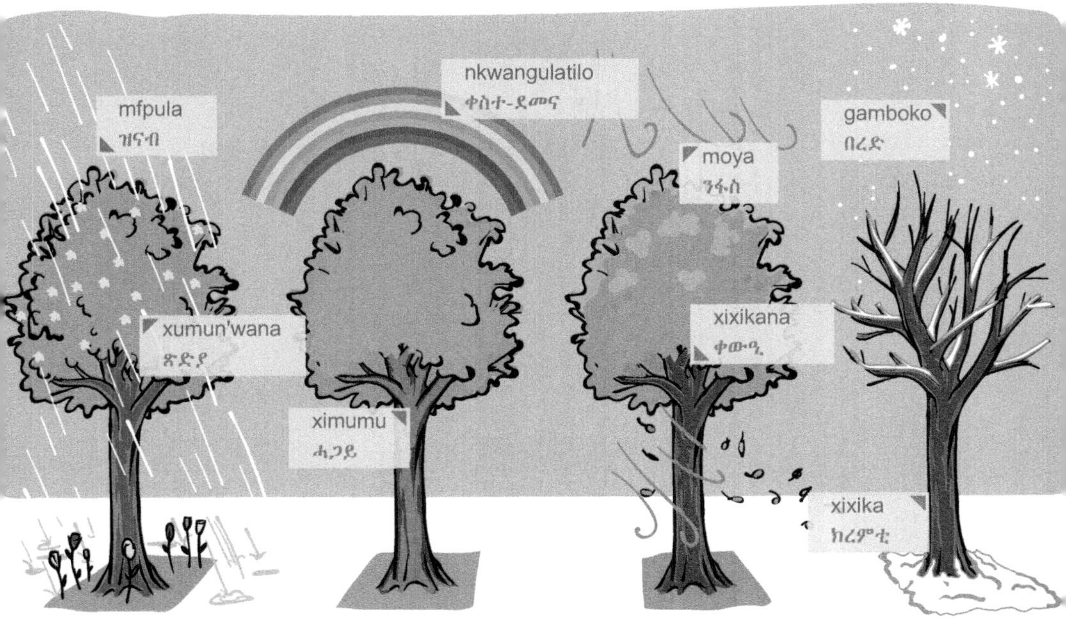

mfpula
ዝናብ
nkwangulatilo
ቀስተ-ደመና
moya
ንፋስ
gamboko
በረድ
xumun'wana
ጽድያ
xixikana
ቀውዒ
ximumu
ሓጋይ
xixika
ክረምቲ

4.APRIL 11°
5.APRIL 4°
6.APRIL 13°
7.APRIL 8°
8.APRIL 10°

vumbha tamaxelo

ትንቢት ኩነታት ኣየር

F
C
120
90
60
30
0
-30
40
30
20
10
0
-10
-20

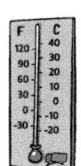

xipima-mahiselo

ቴርሞመተር

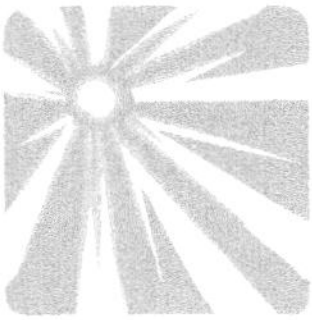

dyambu

ብርሃን ጸሓይ

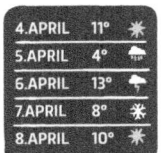

papa

ደበና

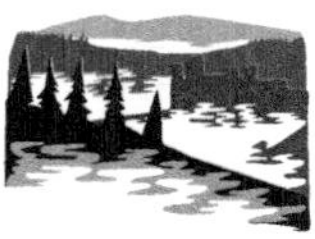

hunguva

ግመ

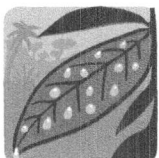

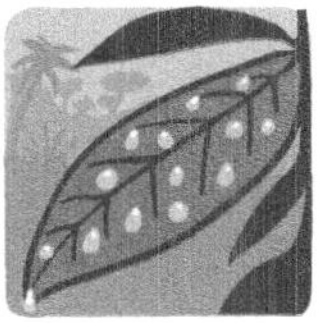

kutsakama

ጠሊ

rihati

ብርቂ

dzindza-tilo

ነጐዳ

xidzedze

ህቦብላ

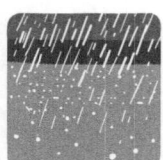

xihangu

በረድ

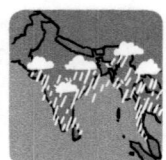

mpfula

ብርቱዕ ህቦብላ

ndhambi

ውሕጅ

ayisi

በረድ

Sunguti

ጥሪ

Nyenyenyana

ለካቲት

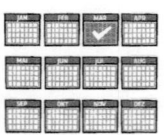

Nyenyankulu

መጋቢት

Dzivamusoko

ሚያዝያ

Mudyaxihi

ጉንበት

Khotavuxika

ሰነ

Mawuwani

ሓምለ

Mhawuri

ነሓስ

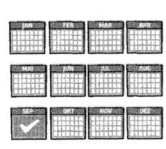

Ndzhati

መስከረም

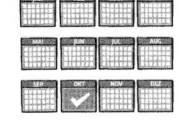

Nhlangula

ጥቅምቲ

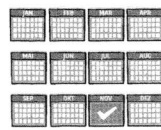

Hukuri

ሕዳር

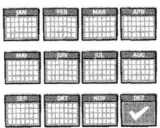

N'wendzamhala

ታሕሳስ

swivumbeko
ቅርጽታት

xirendzevutana

ዙርያ

xikwere

ትርብዒት

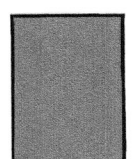

matlhelo ya mune

ቅኑዕ ርቡዕ ኩርናዕ

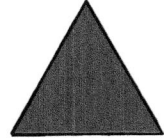

xivunguvungu xa tintlha
tinharhu

ስሉስ ኩርናዕ

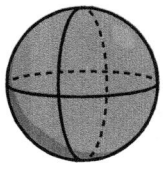

bolo

ክቢ

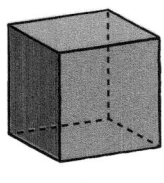

cube

ኩቦ

basa

ጸዕዳ

xitshopana

ብጫ

lamula

ኣራንጂ

tshwukanyana

ሮንክ

tshwuka

ቀይሕ

xigunguvungu

ጀኽ

wasi

ሰማያዊ

rihlaza

ቀጠልያ

buraweni

ቡናዊ

mpunga

ሓሙኽሽታይ

ntima

ጸሊም

swo tala / swi tsongo

ብዙሕ / ውሑድ

hlundzukile / rhurile

ሕሩቕ / ሰላማዊ

sasekile / bihile

ጽቡቕ / ክፉእ

masungulo / makumo

መጀመርያ / መወዳእታ

kulu / tsongo

ዓቢ / ንእሽቶ

vangama / munyama

ብሩህ / ጸልማት

buti / sesi

ሓው / ሓፍት

basile / chakile

ጽሩይ / ርሳሕ

helerile / helelangiki

ምሉእ / ዘይምሉእ

siku / vusiku

መዓልቲ / ለይቲ

file / hanyaka

ሙዉት / ህልው

pfulekile / pfalekile

ስፉሕ / ጸቢብ

swa dyiwa / a swi dyiwi

ደስ ዘበል / ደስ ዘይብል

homboloka / lunghile

እኩይ / ህያዋይ

tsakile / phirekile

ርቡጽ / ስልኩይ

nyuhela / lala

ረጊድ / ቀጢን

masungulo / makumo

ቀዳማይ / ናይ መወዳእታ

mungana / nala

ዓርኪ / ጸላኢ

tele / hava

ምሉእ / ባዶ

tiyile / olova

ተረር / ልስሉስ

tika / vevuka

ከቢድ / ፈኩስ

ndlala / torha

ጥሙየት / ጽሙየት

vabya / hanya

ሕሙም / ጥዑይ

swi ngariki enawini / enawini

ዘይሕጋዊ / ሕጋዊ

tlharihile / xiphukuphuku

መስተውዓሊ / ዓሻ

ximati / xinene

ጸጋም / የማን

akusuhi / kule

ቀረባ / ርሑቕ

yintshwa / tirhisiwile

ሓዲሽ / ብሉይ

hava / xin'wana

ዋላ ሓደ / ገለ

dyuharile / muntshwa

ዓቢ/ኣረጊት / መንእሰይ

xarirha / xitimile

ወልዕ / ኣጥፍእ

pfurile / pfariwile

ክፉት / ዕጹው

myerile / huwa

ህዱእ / ዓው

fuwile / xisiwana

ሃብታም / ድኻ

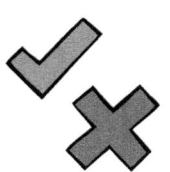

swinene / bihile

ቅኑዕ / ግጉይ

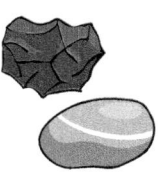

khwasha / reta

ሓርፋፍ / ልሙጽ

vaviseka / tsaka

ጉሁይ / ሕጉስ

koma / leha

ሓጺር / ነዊሕ

hlwela / hatlisa

ቀስ / ቅልጡፍ

tsakama / oma

ጥሉል / ንቑጽ

kufumela / titimela

ምዉቕ / ዝሑል

nyimpi / kurhula

ውግእ / ሰላም

0 noto
ዜሮ

1 n'we
ሓደ

2 mbirhi
ክልተ

3 nharhu
ሰለስተ

4 mune
ኣርባዕተ

5 ntlhanu
ሓሙሽተ

6 ntsevu
ሽዱሽተ

7 nkombo
ሸውዓተ

8 nhungu
ሸሞንተ

9 nkaye
ትሽዓተ

10 khume
ዓስርተ

11 khume n'we
ዓስርተ ሓደ

12

khume mbirhi

ዓሰርተ ክልተ

13

khume nharhu

ዓሰርተ ሰለስተ

14

khume mune

ዓሰርተ ኣርባዕተ

15

khume ntlhanu

ዓሰርተ ሓሙሽተ

16

khume ntsevu

ዓሰርተ ሽዱሽተ

17

khumbe nkombo

ዓሰርተ ሸውዓተ

18

khume nhungu

ዓሰርተ ሸሞንተ

19

khume nkaye

ዓሰርተ ትሽዓተ

20

makhume mambirhi

ዕስራ

100

dzana

ሚእቲ

1.000

gidi

ሽሕ

1.000.000

gidi ya magidi

ሚልዮን

Xinghezi

እንግሊዝኛ

Xinghezi xa Amerika

አመሪካዊ እንግሊዛዊ

Xichayina xa Mandarin

ቻይናዊ ማንዳሪን

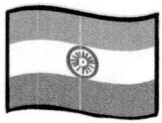

Xihindi

ሂንዳዊ

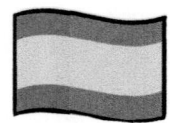

Xipaniya

እስጳኛዊ

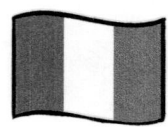

Xifurwa

ፈረንሳዊ

Xiarabu

ዓረባዊ

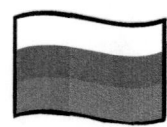

Xirhaxiya

ሩሲያዊ

Xiputukezi

ፖርቱጋላዊ

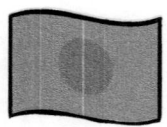

Xibengali

በንጋሊ

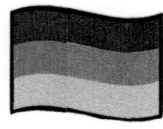

Xijarimani

ጀርመናዊ

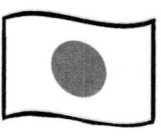

Xijapani

ጃፓናዊ

mina

አነ

wena

ንስኻ/ኺ.

yena / yena / xona

ንሱ / ንሳ / ንሱ

hina

ንሕና

n'wina

ንስኻ

vona

ንሳቶም

mani?

መን?

yini?

እንታይ?

njhani?

ከመይ?

kwihi?

ኣበይ?

rhini?

መዓስ?

vito

ሽም

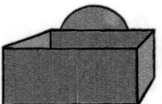

endzaku

ድሕሪ

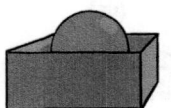

ahehla

አብ

emahlweni a

አብ ቅድሚ

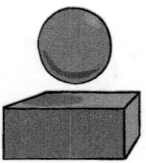

ahenhla ka

አብ ላዕሊ.

eka

አብ ልዕሊ.

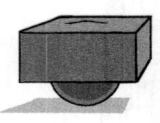

ehansi

ትሕቲ ምድሪ

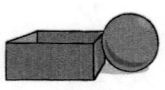

handle ka

አብ ጥቓ

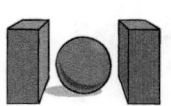

exikarhi ka

አብ መንጎ

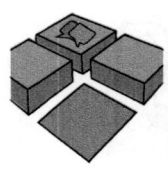

ndhawu

በታ